Shakalasa: Le Origini Sicule Di Israele

Le Origini Siculo-Semitiche del Natale Volume 2

Luca Migliorato

A ננסי

Titolo: Shakalasa Le Origini Sicule Di Israele (Le Origini Siculo-Semitiche Del Natale)

Edizione: Prima Edizione agosto 2019

Seconda Edizione settembre 2019

Autore: Luca Migliorato

Indice

Prefazione

1) **Dove eravamo rimasti … ?**

2) **I popoli del mare**

3) **Sicilia, terra leggendaria**

4) **Le origini di Abramo e la sua discendenza**

5) **Parallelismo con il Vangelo**

Conclusione

Fonti

Bibliografia

Ringraziamenti

L'autore

Prefazione

Ciao e benvenuto sono Luca Migliorato e opero nel campo della divulgazione letteraria per aiutare le persone a conoscere meglio la nostra storia e di conseguenza noi stessi. Sono una normalissima persona che si è appassionata tanti anni or sono a quelle materie definite esoteriche e grazie ai miei studi sui testi antichi e su lingue come l'ebraico e il geroglifico cerco di portare avanti nuove idee nel rispetto del libero pensiero. Ti è mai capitato di provare quella sensazione che ti fa pensare di non conoscere dei dettagli della nostra storia o magari pensi che non sempre i libri di storia raccontino tutto sul nostro passato? A me anni fa capitava tantissime volte di non comprendere certi aspetti della nostra storia ed ogni volta che cercavo spiegazioni trovavo soltanto una porta chiusa che non mi permetteva di approfondire nulla! Ben presto ho scoperto che per nostra fortuna chi vuole davvero delle risposte può trovarle non soltanto al di fuori dei libri di scuola ma attraverso un sentiero di studio personalizzato e focalizzato sulla ricerca diretta dei fatti (esempio se devo studiare Giordano Bruno mi vado a leggere le sue opere anziché ascoltare i cattolici che sostengono ancora oggi che era un eretico e praticava stregoneria). Nell'ambito della storia (che sia antica o moderna) troverai tantissime persone che ti porgeranno false soluzioni e tenteranno in ogni modo a farti accettare passivamente tutta una serie di eventi sui quali ti verrà detto che non puoi indagare. Ciò che non devi fare è quindi dare fiducia a chi ti racconta la storia di un evento senza citare fonti dirette o senza darti prove concrete. Le soluzioni per rimediare a tutti questi venditori di verità assolute esistono, sta a te scegliere quella più adatta al percorso che vuoi seguire. Quella che ti propongo io (specifico ancora che la mia non è l'unica soluzione) è molto semplice, mantieni la tua mente aperta e leggi senza giudicare le informazioni che acquisisci, poi trova le fonti e assicurati che siano basate su qualcosa di concreto. L'efficacia di questo metodo, che è quello che uso io nei miei studi, è facilmente dimostrabile con la lettura di questo libro. Dunque, cosa fare? Leggi il libro senza giudicare nulla (so già che in alcune parti sarà difficile ma non importa) e poi vai nelle fonti e controllale una ad una per assicurarti che la storia che avrai letto sia attendibile. Sarò eternamente felice se questo libro oltre a darti una maggiore consapevolezza e conoscenza delle origini del natale potrà anche aiutarti a sviluppare un ottimo metodo per studiare qualsiasi materia tu voglia approfondire. Esattamente con queste stesse parole aprivo la lettura al primo volume, in questo caso trattandosi della naturale continuazione di Le Origini Siculo-Semitiche Del Natale, ho scelto di presentare il libro allo stesso modo. Come prefazione alla lettura non c'è molto da aggiungere, per chi non ha letto il primo volume consiglio vivamente di rimediare. Altrimenti molte informazioni (specialmente quelle del primo capitolo) potreste non riuscire a seguirle o a ritenerle poco attendibili in quanto nel primo volume ho trattato in modo molto approfondito ciò che in questa sede darò per scontato.

Buona Lettura

1

Dove Eravamo Rimasti … ?

Si concludeva il primo volume con una comparazione su due foto molto interessanti (avvenuta solo dopo una meticolosa indagine etimologica su svariati termini ebraici) che qui riportiamo:

Ora noi ripartiremo esattamente da qui. Ci siamo lasciati con diversi interrogativi - abbiamo due strade quindi

1) Gli Anunnaki facevano parte dei popoli del mare

2) Nimrod in quanto proveniente dagli Shakalasa, un popolo molto avanzato specialmente nei confronti di Israele, veniva raffigurato come quegli dei in quanto nell'immaginario collettivo chi aveva conoscenze superiori veniva identificato in quel modo.

– non daremo risposte a queste domande, anzi, aggiungeremo tanti altri quesiti interessanti. E come il titolo di questo secondo volume ci suggerisce, il dubbio sarà il motore che alimenterà questa ricerca. Come mai volume due ? il primo riguardava l'origine del natale, ebbene si anche questo ha a che vedere col natale, ma questo lo scopriremo più avanti. La base sulla quale verrà strutturata la maggior parte dei ragionamenti di questo saggio è: Nimrod era di stirpe Shakalasa, suo fratello Ra veniva venerato come un Dio dagli Egizi. Effettivamente anche Nimrod presso i sumeri veniva raffigurato come un Dio. La famiglia di Nimrod era imparentata con la tribù di Issacar (ecco come la Bibbia chiama gli Shakalasa).

Come già detto nel volume precedente vi sono tutti gli approfondimenti che giustificano queste affermazioni. È anche importante non dimenticare che:

gli Shakalasa erano gli antichi abitanti della Sicilia, grandissimi navigatori (per questo appartenevano ai popoli del mare) ma anche abili commercianti. I popoli del mare venivano chiamati "antichi" da quelle che per noi sono le popolazioni antiche (sumeri, egizi, cananei etc…) quindi bisogna capire cronologicamente parlando quanto possa essere complesso trovare fonti attendibili e non anonime. Già per diversi autori e ricercatori molto preparati (vedi Leonardo Melis e Andrea di Lenardo) non vi sono dubbi che nello scenario del vicino oriente i popoli del mare ebbero dei ruoli molto importanti. Dunque invito tutti ad andare a fare conoscenza con i lavori di questi autori per scoprire importanti nozioni storiche per comprendere meglio di cosa si parla. Affermare, come da titolo, che la tribù di Israele ha origini sicule potrebbe essere destabilizzante ma come vedremo verranno presentati degli scenari e dei ragionamenti logici molto chiari, semplici e lineari senza avere la presunzione di dover dimostrare necessariamente qualcosa. Inoltre faccio presente che affermare che la tribù di Israele abbia origini sicule non significa che la tribù di Israele fosse sicula, come avvenne precedentemente per il natale, noi parliamo delle origini. Verranno portate delle spiegazioni a tutte le perplessità che il lettore avrà avuto appena letto il titolo ed alla fine del volume vedremo, serenamente, che non era poi così destabilizzante fare certe affermazioni.

2

I Popoli Del Mare

I Popoli del Mare furono una confederazione di predoni del mare provenienti probabilmente dall'Europa meridionale, specialmente dall'Egeo, che, navigando verso il Mar Mediterraneo-orientale sul finire dell'Età del Bronzo, invasero l'Anatolia (determinando il crollo dell'Impero ittita), la Siria, la Palestina, Cipro e il Nuovo Regno egizio. Nell'età del bronzo Finale (XIII sec. a.C.) i documenti archeologici registrano consistenti spostamenti di popolazione dall'area egeo-anatolica verso il corridoio siro-palestinese. Tali popolazioni, a partire dall'inizio del secolo scorso, sono comunemente indicate dagli storici come i “Popoli del Mare”. Questo modo di chiamarli così deriva direttamente dall'egizio.

Come osservato da Gardiner, vol.1, pag. 196, altri testi presentano:

Ovvero: ẖ3sty.w = "genti straniere"; entrambi i termini possono ugualmente riferirsi al concetto di "stranieri". Zangger (si veda il collegamento esterno sotto indicato) esprime un punto di vista condiviso quando afferma che Sea Peoples (Popoli del Mare) non traduce questo termine e altre espressioni, ma è un'innovazione accademica. La dissertazione di Woudhuizen e l'articolo di Morris identificano in Gaston Maspero colui che per primo utilizzò nel 1881 il termine peuples de la mer. È possibile identificare quattro bacini di provenienza dei Popoli del mare.

Non sembrano esserci dubbi che i Lubu e i Meshwesh, tenuto conto della loro acconciatura, siano originari dell'Africa; possiamo identificare i primi con i Libici e i secondi con popolazioni provenienti dalle oasi più all'interno, forse dalla Nubia. Per i Lukka, descritti in maniera abbastanza circostanziata anche negli archivi ittiti, sembra assai certa una provenienza dall'antica Licia (Arzawa); essi, però, avevano sbocco al mare, altrimenti Hammurapi III di Ugarit non avrebbe potuto inviargli una flotta armata. I Lukka erano, quindi, gli antenati dei Lici del mondo classico. Originari dell'Asia Minore sud-occidentale dovrebbero essere anche gli Weshesh. Prove archeologiche delle migrazioni (le quali potevano essere di natura economica o militare) si hanno da numerose iscrizioni su tavolette o muri, fatte da diverse popolazioni. Nell'età del bronzo le tavolette in lineare b dell'egeo già parlavano di questi popoli del mare. Questo è quanto avveniva durante l'età del bronzo: la presenza micenea in Sicilia è documentata dall'abitato costiero fortificato di Thapsos (SR). All'interno, fiorisce la cultura Pantalica I (1270-1050). Intorno al 1200, Thapsos viene distrutta e, nei siti della cultura di Pantalica, appare la ceramica micenea III C. A Monte Dessueri (SR), sono state rinvenute anfore identiche a quelle della necropoli (XI sec.) di Azor, presso Giaffa . Nella Sicilia orientale, nel successivo periodo (1050-850), appare la civiltà sicula di Cassibile o Pantalica II (SR). Sono questi gli elementi che lascerebbero dedurre l'identificazione degli Shekelesh con i Siculi e un loro arrivo dal Mediterraneo orientale in Sicilia, analoga a quella degli Shardana in Sardegna. Ovviamente come già detto prima ci sono anche delle prove "scritte" vediamo prima di tutto di capire la scrittura. La Lineare B è un sistema di scrittura sillabica utilizzato dai micenei per denotare graficamente la loro lingua, risultata essere una forma arcaica della lingua greca. Le prime testimonianze di questa scrittura si trovano su tavolette risalenti ai secoli XIV e XIII a.C.I testi in lineare B sono stati trovati dall'archeologo britannico Arthur Evans nel 1900 a Creta, nel Palazzo di Cnosso; altri esemplari furono rinvenuti in Grecia, a Pilo, Micene, Tebe. La scrittura micenea derivò da quella minoica, detta Lineare A, utilizzata a Creta tra il XVII ed il XV secolo a.C. La decifrazione della Lineare B si deve a Michael Ventris e John Chadwick, tra il 1952 e il 1953.

Figura 1
Di Sharon Mollerus - originally posted to Flickr as How Cool Is Writing?, CC BY 2.0, https://commons.wikimedia.org/w/index.php?curid=7633385

Ed è in codeste tavolette che si parla di bande di guerrieri mercenari e delle relative migrazioni che compivano.

Come già il lettore può aver intuito anche gli egizi parlano di questi popoli (Leonardo Melis ci insegna quanto gli Shardana – antichi sardi – in particolare ebbero legami molto importanti con essi), ecco come venivano definiti in geroglifico:

Traslitterato: nꜣ ḫꜣt.w n pꜣ ym

Quel simbolo che può sembrare un 3 girato al contrario rappresenta la lettera chiamata aleph (occlusiva) che è la prima, ovvero la “a”. tra le altre cose è interessantissimo come pure la prima lettera ebraica (a) si chiami Alef, l'assonanza è innegabile e molto interessante. Poi abbiamo la n rappresentata dal geroglifico:

La t identificata dal geroglifico:

La i identificata dal geroglifico:

La a identificata dal geroglifico che prende il nome di ayn :

La d identificata dal geroglifico:

Il processo di vocalizzazione, diversamente da quanto si possa credere, è molto semplice. Basta inserire una e tra ogni consonante, prestando attenzione però poiché tra aleph

( ) e ayn ( ) bisogna invece inserire una a.

Un'altra iscrizione che parla di questi popoli la troviamo nell'obelisco di Biblo (In cui si parla di Lukka):

Figura 2
Di Heretiq - Opera propria, CC BY-SA 2.5, https://commons.wikimedia.org/w/index.php?curid=587509

Poi abbiamo le lettere Amarna. Ovvero un lotto di circa 380 documenti, redatti in cuneiforme su tavolette di argilla, rinvenute nel 1887 nel Medio Egitto, ad Amarna, l'area di scavi intorno all'antica Akhetaton, città fondata nella seconda metà del XIV secolo a.C. da Akhenaton, faraone egizio della XVIII dinastia.

---

[1] William L. Moran, Amarna Letters Containing References to the Sea Peoples, The Pennsylvania State University. URL consultato il 23 gennaio 2016 (archiviato dall'url originale il 18 febbraio 2006). In questo caso specfico: *Letter EA 81.*

2

Letters EA 122, 123, which are duplicates. See the paper on this topic published by Megaera Lorenz at the Penn State site: *(EN) Megaera Lorenz,* The Amarna Letters, *The Pennsylvania State University. URL consultato il 23 gennaio 2016 (archiviato dall'url originale il 19 giugno 2002).* Moran, *Letters EA 122, 123.*

Le lettere ad un certo punto riferiscono di uno Shardana[1], apparentemente un mercenario rinnegato, e in un altro punto di tre Shardana che sono stati uccisi da una guardia egizia.[2]

Un'altra iscrizione molto interessante è quella di Kenneth Kitchen, Pharaoh Triumphant: The Life and Times of Ramesses II, King of Egypt, Aris & Phillips, 1982, pagg. 40-41. In cui leggiamo: "I ribelli Shardana che nessuno ha mai saputo come combattere, arrivarono dal centro del mare navigando arditamente con le loro navi da guerra, nessuno è mai riuscito a resistergli". Chi è interessato nei libri di Leonardo Melis troverà tantissismi approfondimenti su questo aspetto storico molto importante. Poi, andando cronologicamente avanti abbiamo la lettera RS 18. 147 redatta durante il regno di Ammurapi che dice: “Al tempo di mio padre furono avvistate le prime navi dei nemici: ogni città fu bruciata e malvagità furono condotte in tutto il mio paese. Non sa forse mio padre che tutte le mie truppe e i miei carri si trovano nella terra di Hatti e che tutte le mie navi si trovano nella terra dei Lukka? Così il paese è abbandonato a sé. Mio padre possa sapere che sette navi nemiche sono giunte sin qui che hanno inflitto gravi danni” [2]. Come abbiamo potuto apprezzare in questo breve ma significativo escursus i popoli del mare non riuscivano a passare inosservati! Eppure, potrebbe sembrare quasi ironico, non abbiamo informazioni sulla loro origine.

Gli Shakalasa appaiono nelle fonti scritte egizie del nuovo regno. Il Nuovo Regno è il momento di massima espansione dell'influenza egizia, al punto che talvolta si tende a parlare di *impero*.

Il nome shakalasa possiamo trovarlo anche come Šekeleš in geroglifico, come potete vedere in figura.

La traslitterazione dal geroglifico è Š'k'rwš.

Abbiamo all'inizio e alla fine:

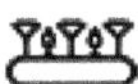

Ovvero : Š'

Poi abbiamo una che identifica la k.

E poi:

|

Ovvero: rw. A tal proposito è interessante dire che il segno

pur essendo traslitterato in rw, è stato fonetizzato in l.

L'attestazione archeologica più antica è la grande iscrizione in geroglifico KIU 4246 posta nel Complesso templare di Karnak (a nord di Luxor), redatta al tempo del faraone egizio Merenptah (1224-1214 o 1213-1203 a.C.), il cui contenuto è confermato anche nella contemporanea Stele di Merenptah, rinvenuta nelle adiacenze. Essa riporta l'attacco mosso all'Egitto nel 5° anno del regno del faraone da una coalizione di vari popoli del mare tra i quali troviamo anche gli Shakalasa.

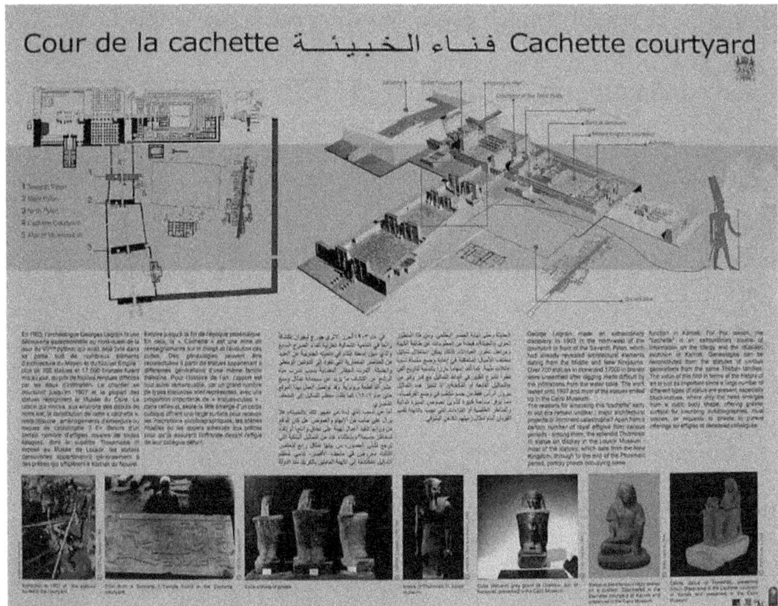

Figura 3

Di Olaf Tausch - Opera propria, CC BY 3.0,
https://commons.wikimedia.org/w/index.php?curid=9870805
L'area della cachette, il cortile in cui è situata l'iscrizione, nel complesso di Karnak. La posizione esatta dell'iscrizione è tra il VI° e il VII° pilone, sul versante est del muro interno.

Ed ecco, già traslitterati, i passi in cui si parla dei popoli che stiamo studiando, ricordo che si tratta della KIU 4246, Grande iscrizione di Karnak:

" […] Jqwš Twrš Rk Šrdn Škršmḥt[yw] jw≠w n tȝw nbw [14] [… Š]rdn Škrš Jqwš Rk Trš m ṯȝt tp n(y) ʿḥȝ(wty) nb pḥrr nb n(y) ẖȝst≠f jn~n≠f ḥmt≠f ẖrdw≠"

Che in italiano vuol dire: [...] Akawasha, Tursha, Lukka, Shardana, Shekelesh, i popoli del nord che vennero da ogni terra.

[14] [...] Shardana, Shekelesh, Akawasha, Lukka e Tursha, ha consistito nella cattura dei migliori tra tutti i combattenti e i corridori delle terre straniere.»"

Ed ecco, nella pagina seguente, la stele completa di Merenptah:

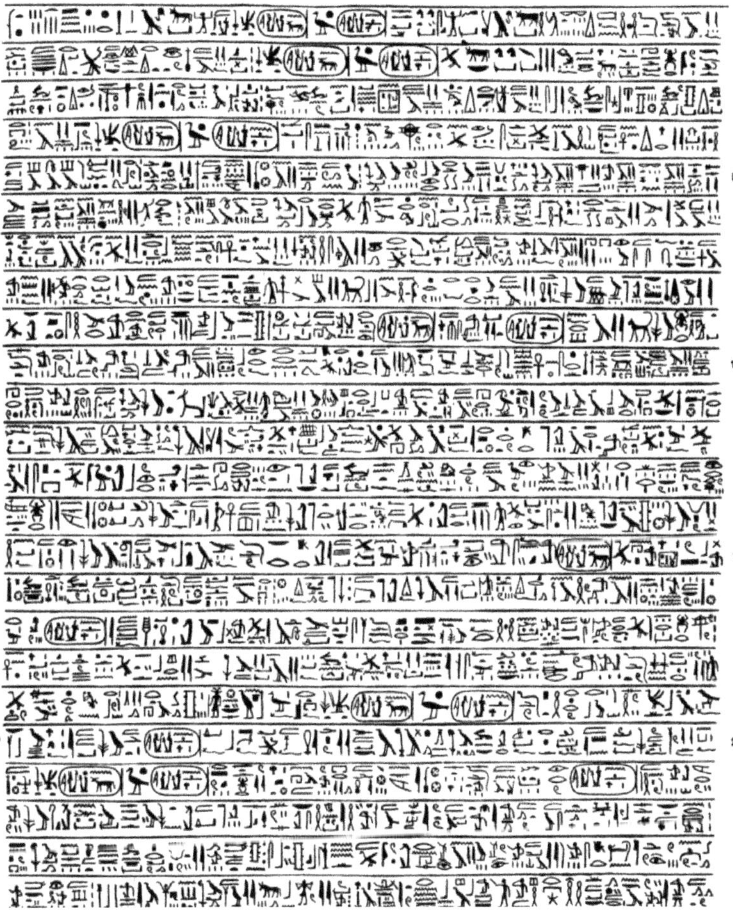

Figura 4
Di William M. Flinders Petrie after king Merenptah's inscription - William M. Flinders Petrie, Six Temples at Thebes, London (1897), plate 14, Pubblico dominio, https://commons.wikimedia.org/w/index.php?curid=1046706
La Stele di Merenptah o Stele d'Israele è una stele di granito nero fatta erigere dal sovrano egizio Amenhotep III (regno circa 1387 a.C.-1348 a.C.) e modificata successivamente da Merenptah (regno circa 1213 a.C. -1203 a.C.). Riporta la data "Quinto anno, terzo mese di Shemu, terzo giorno", corrispondente circa al 1209-1208 a.C. È stata ritrovata nel 1896 da Flinders Petrie presso il tempio funerario di Merenptah a Tebe ed attualmente è conservata al Museo egizio del Cairo.

Poi abbiamo questa tavoletta di Ugarit:

Figura 5 Di sconosciuto, CC BY-SA 2.0 fr, https://commons.wikimedia.org/w/index.php?curid=2994549

Si tratta della tavoletta RS 18.147.segnala la presenza in mare di una flotta nemica e suggerisce al signore di Ugarit di allestire le difese della sua città. Una parte molte interessante della (Ammurapi, RS 18.147) dice: “Attento padre mio, le navi nemiche sono arrivate (qui); le mie città(?) sono state incendiate, ed essi hanno perpetrato cose inenarrabili al mio paese. [...] Mio padre deve saperlo: le sette navi del nemico che sono arrivate qui hanno inflitto molto danno a noi.” Poi abbiamo anche la tavoletta RS 34.129 in cui vi è scritto chiaramente che il popolo che minacciava Ugarit erano gli Shakalasa. Chiamati Šikalayū in ugaritico, impossibile anche qua non notare l’assonanza, dato che testimonia l’unione della cultura semitica.

Sulle origini, purtroppo, dobbiamo ripetere che vi sono soltanto tantissimi dubbi, in ogni caso è bene citare wikipedia quando afferma che per quanto riguarda una generalizzazione tra i popoli del mare, i loro eserciti potrebbero rappresentare l'espressione di comunità autonome a base personale, con un proprio territorio, una propria complessa conformazione etnica, una propria interna gerarchia. Alla vigilia dell'apparizione di tali popoli ai confini egiziani, la ceramica del tipo Miceneo III B era diffusa in tutto il Mediterraneo orientale. Queste popolazioni, pur non essendo tutte originarie della Grecia facevano parte del Commonwealth greco-miceneo, quanto meno per condividerne la tipologia della ceramica. Ciò costituisce un consistente indizio archeologico, per individuare l'espansione dei

Popoli del mare nel bacino del Mediterraneo, in particolare quando i ritrovamenti della successiva ceramica del tipo Miceneo III C, all'analisi neutronica, si rivela non importata ma prodotta sul posto.

3

Sicilia Terra Leggendaria

Parliamo di quest'isola molto importante, la Sicilia (Səcəlia in gallo-talico, Siçillja in arbëresh, Σικελία in neogreco), non starò qui ad annoiarvi raccontando che siamo una regione autonoma a statuto speciale di 4 999 891 abitanti. In quanto, ahimé, l'aspetto storico è ben più interessante e ricco di spunti mentre la situazione attuale non è nemmeno lontanamente paragonabile al passato. Le più antiche tracce umane nell'isola risalgono al 12.000 a.C. circa. In era preistorica fiorirono le culture dette di Stentinello, di Castelluccio, di Thapsos, e da qualche decennio è stata indiziata anche una "cultura" dei dolmen. Popoli provenienti dal Medioriente e da ogni parte d'Europa vi s'insediarono nei vari millenni: tra essi i Sicani, i Siculi e gli Elimi. L'VIII secolo a.C. vide la Sicilia colonizzata dai Fenici e soprattutto dai Greci e nei successivi 600 anni divenire campo di battaglia delle guerre greco-puniche e romano-puniche. L'isola, dai Greci detta anche Τρινακρία, e dai Romani, poeticamente, Triquetra, fu abitata in età preistorica e protostorica da popolazioni di origine diversa: gli Elimi, i Sicani, i Siculi, della cui civiltà, oltre a necropoli e abitati, sono noti i santuari dei Palici presso Palagonia, di Iblea vicino Ibla, delle Dee Madri a Engio. Mentre sulle coste nordoccidentali della S. si stanziavano i Fenici (Solunto, Mozia, Panormo), a partire dal 735 a.C. le aree costiere orientali e meridionali si popolarono di colonie greche. I Calcidesi fondarono Nasso, Leontini, Catania e Zancle; Corinto fondò Siracusa; Megara, Megara Iblea; a opera di Cretesi e Rodi sorse Gela. A loro volta le nuove pòleis promossero un'espansione lungo le coste e verso l'interno dando origine ad altri centri: Siracusa fondò cre, Camarina e Casmene; Megara Iblea fondò Selinunte; Gela fondò Agrigento, l'ultima delle grandi colonie (582). La colonizzazione greca determinò in S. una trasformazione culturale legata all'introduzione dell'alfabeto e della scrittura, alla diffusione del ferro e di prodotti artigianali di alto livello, ma soprattutto all'avvento di una civiltà urbana che trovò nei nuovi territori ampi spazi di affermazione.

Figura 6DI Bjs - Opera propriaCamera Canon EOS 300V with Canon Zoom Lens EF 28-90mmScan from the film negative, CC0, https://commons.wikimedia.org/w/index.php?curid=675290

Le incisioni rupestri della grotta dell'Addaurareplicate al Museo archeologico regionale Antonio Salinas

La presenza umana nell'area palermitana è attestata sin dall'epoca preistorica dai graffiti e dalle pitture rupestri delle grotte dell'Addaura: figure danzanti in un rito magico propiziatorio, forse "sciamani" di un popolo non identificato che abitò l'isola. La grotta del Genovese, nell'isola di Levanzo fu abitata dall'uomo tra i 10.000 e i 6.000 anni prima di Cristo. Altre grotte dell'isola, dei Porci, di Cala Tramontana, di Punta Capperi hanno fornito materiale risalente al paleolitico superiore. L'analisi stratigrafica al carbonio-14 ha indicato l'anno 9230 a.C. : la presenza nella sequenza stratigrafica di un frammento calcareo di notevoli dimensioni, con un bovide inciso, di stile del tutto affine alle raffigurazioni parietali sulle pareti, ha permesso di ottenere questa datazione assoluta

Wikipedia poi ci parla della colonizzazione fenica:

Il capoluogo siciliano fu fondato come città-porto dai coloni Fenici di Tiro (l'odierno Libano) intorno al 734 a.C. Come luogo d'insediamento scelsero un promontorio di roccia prospiciente il mare contornato da due fiumi che corrisponde alla zona attualmente occupata dalla cattedrale di Palermo e dalla villa Bonanno. Nel secolo VI la costa occidentale dell'isola apparteneva ai Cartaginesi, fondatori di Zyz, Mozia e di Solunto. Rimaneva importante anche la presenza degli Elimi, che furono i fondatori delle città di Eryx e Segesta.

Figura 7

Bisogna però precisare alcuni aspetti molto interessanti che nessun sito web, né tantomeno i libri di scuola, specificano.

Non è sbagliato parlare di Fenici, però bisognerebbe farlo con consapevolezza (cosa che purtroppo a scuola si dimenticano di dire). Cosa vuol dire? Lo studioso W.F. Albright nel testo the role of the canaanites in the history of civilization pubblicato nel 1961 da G.E. Wright (Garden City), ci informa che: "per convenienza adotteremo la denominazione Cananei per indicare i popoli nord occidentali di cultura semitica della Siria e Palestina dell'ovest ivi attestatisi prima del XII secolo a.C. ed il termine Fenici per indicare lo stesso popolo e cultura dopo questa data". Per maggiori informazioni e dettagli potete consultare lo studio presentato dall'amico saggista Agostino De Santi Abati "sardegna la terra degli uomini blu" edito da LuxCo Editions (opera citata in bibliografia) Non è certo la prima volta che capita qualcosa di simile. Per fortuna anziché fidarci delle dicerie di qualche inaffidabile libro di storia siamo andati direttamente ad interrogare la fonte più autorevole in merito, e cosa ci ha detto? I fenici non sono mai esistiti per come ce li fanno intendere i libri. Prima dell'Unita D'Italia il nostro Paese veniva definito penisola italica, dopo 1861 si può parlare di Italia, l'esempio rappresenta lo stesso concetto ma con il popolo fenicio. Si tratta sempre dei cananei, semplicemente dopo quella data per una banale convenzione vengono chiamati dallo studioso in modo diverso, ma non cambia nulla ! sono sempre loro!

4

Le Origini Di Abramo E La Sua Discendenza

Entriamo ora nel vivo della trattazione parlando di Abramo e della sua discendenza, ci saranno tantissime informazioni inedite e un po’ sconvolgenti.

Parlare di Abramo non è così semplice come fanno credere i vari sapienti presenti sul web, l’evidenza innegabile dei fatti è che ci sono troppe tradizioni che parlano di lui, troppi dati da studiare che spesso non riusciamo ad elaborare correttamente (per una nostra mancanza) e spesso ci si trova a dover dividere le varie fonti delle tradizioni (ad esempio tradizione jahvista e tradizione elohista). Iniziamo col dire che Abramo (in ebraico: אַבְרָהָמ, ’Aḇrāhām anche Avraham, da cui il significato "Padre di molti"; in arabo: ابراهيم, Ibrāhīm) è un patriarca dell'ebraismo, del cristianesimo e dell'islam. La sua storia è narrata nel Libro della Genesied è ripresa nel Corano.

Questo per quanto riguarda le fonti più conosciute che vengono intese anche come ufficiali, ma non vi sono prove per poterle definire tali. Infatti vedremo in seguito che di Abramo si parla anche in tanti altri testi. Secondo Genesi(17,5), il suo nome originale era אַבְרָם (’Aḇrām, Avram), poi cambiato da YHWH in Abraham. Vediamo cosa dice il passo citato:

“Non ti chiamerai più Abram, ma ti chiamerai Abramo, perché padre di una moltitudine di nazioni ti renderò.” [Cei 2008]

“Il tuo nome non sarà più Abram, ma Abramo, perché io ti stabilisco come padre di molti popoli.” [Interconfessionale]

“E tu non farai più nominato Abram: anzi il tuo nome farà Abraham: percioche io t’ho costituito padre ina una moltitudine di nazioni” [Diodati 1607]

nec ultra vocabitur nomen tuum Abram, sed Abraham erit nomen tuum, quia patrem multarum gentium constitui te. [Nova vulgata]

καὶ οὐ κληθήσεται ἔτι τὸ ὄνομά σου Αβραμ ἀλλ’ ἔσται τὸ ὄνομά σου Αβρααμ ὅτι πατέρα πολλῶν ἐθνῶν τέθεικά σε [LXX]

וְלֹא־יִקָּרֵא עוֹד אֶת־שִׁמְךָ אַבְרָם וְהָיָה שִׁמְךָ אַבְרָהָם כִּי אַב־הֲמוֹן גּוֹיִם נְתַתִּיךָ

[tanakh] che traslitterato si legge: “Velo-yikare od et-shimecha Avram vehayah shimcha Avraham ki av-hamon goyim netaticha.”

Più o meno tutte le versioni concordano senza presentare grosse variazioni. Una discordanza sta nel termine popoli/nazioni, pur essendo molto simili comprendiamo meglio consultando i dizionari che entrambe le traduzioni sono accettabili. Il Hebrew Dictionary (Lexicon-Concordance)Key Word Studies (Translations-Definitions-Meanings) ci dice che il termine גּוֹי (gowy) può essere trovato raramente anche nella forma contratta: גֹּי (goy), il Brown-Driver-Briggs (Old Testament Hebrew-

English Lexicon) ci spiega che il termine va inteso "(nel senso di ammassamento); una nazione straniera; quindi un gentile; anche (in senso figurato) una truppa di animali o una fuga di locuste: - Gentile, pagano, nazione, popolo." Proseguiamo. Il nome nella sua forma Abram (אַבְרָם) occorre nel Tanakh solo in Genesi 11,26 e 17,5; in Neemia 9,7 e in I Cronache 1,26. La forma Abraham appare nelle restanti occasioni e tale nome non compare in alcun altro scritto precedente. Incerte forme quali, ad esempio, "A-ba-am-ra-ma", "A-ba-ra-ma" e "A-ba-am-ra-am" sono presenti solo in alcuni testi in lingua accadica risalenti al XIX secolo a.C e altre forme sono presenti in ulteriori testi rinvenuti nell'area mesopotamica, ma senza alcun certo collegamento con le forme dell'ebraico Abram o Abraham. Il nome riporta il semitico ’aḇ (אָב, sostantivo maschile) con il significato di "padre", la seconda parte del nome può provenire dall'accadico ra'âmu("amare") o dalla forma del semitico occidentale rwm ("stare in alto"), quindi "padre amato" o "padre glorificato". Il tradizionale significato biblico per Abraham come "padre di una moltitudine" (ולא־יקרא עוד את־שמך אברם והיה שמך אברהם כי אב־המון גוים נתתיך / «Non ti chiamerai più Abram ma ti chiamerai Abraham perché padre di una moltitudine di popoli ti renderò», Genesi 17,5) è una popolare etimologia, anche se potrebbe nascondere un collegamento indiretto con l'arabo ruhâm("numeroso"), più probabilmente è solo una variante dialettale con l'inserimento della "h", fenomeno già conosciuto nell'aramaico ma anche altrove.

Come possiamo notare da notevoli fattori la parentela di Abramo con gli Aramei semiti della fine del II millennio a.C. e con i proto-Arabi della prima metà del I millennio a.C. era piuttosto sentita dagli ebrei antichi.

Etimologicamente il suo nome originale Ab.Ram, che in sumero significa padre amato, non è accadico; secondo i racconti biblici, infatti, Abramo nacque ad Ur, città sumera, da dove pure veniva tutta la sua famiglia. La sua epoca viene collocata nel periodo Isin-Larsa (ovvero Ur III) circa 650 anni prima dell'esodo d'Egitto. Il padre Terah (anche il suo nome etimologicamente si traduce dal sumero in Prete Oracolo) sarebbe stato un cultore della divinità sumera Nanna, venerata sia a Ur sia a Harran, e secondo leggende ebraiche posteriori sarebbe stato anche un costruttore di statue di divinità sumere. Anche la moglie/sorellastra aveva un nome sumero, Sarai, equivalente a Principessa. L'omicidio, anche quello sacrificale, era contemplato dalla società sumera di cui faceva parte Abramo, mentre era eticamente sbagliato tra le popolazioni semitiche che qualsiasi padre sopprimesse il proprio figlio. Sostanzialmente Abramo dopo essersi spostato dalla terra di Sumer intorno al 2050 a.C. spinto da Elamiti ed Amorriti nella città di Harran, adottò solo in età molto inoltrata usi e costumi delle altre culture afro-mediorientali semitiche ed egizie che aveva a quel punto incontrato, circoncidendosi, adottando il dio locale semita EL, abolendo i sacrifici umani, adattando il suo nome e quello della moglie alla lingua locale semita.

È interessante notare che Abramo proveniva da una famiglia molto rispettata. In quei tempi, uno dei pilastri centrali della società era la continuità delle generazioni, perché tutto era tramandato, tra cui, fino a poco tempo, anche il trasferimento di vari mestieri e competenze. Terah, il padre di Abramo, era un leader spirituale distinto nel popolo. Terah (in figura una sua raffigurazione di Published by Guillaume Rouille(1518?-1589) - "Promptuarii Iconum Insigniorum ", Pubblico dominio, https://commons.wikimedia.org/w/index.php?curid=8804631) è il 19esimo patriarca biblico. Di lui se ne parla in Genesi 11, 10-26.

“Questa è la discendenza di Sem: Sem aveva cento anni quando generò Arpacsàd, due anni dopo il diluvio; Sem, dopo aver generato Arpacsàd, visse cinquecento anni e generò figli e figlie.Arpacsàd aveva trentacinque anni quando generò Selach; Arpacsàd, dopo aver generato Selach, visse quattrocentotré anni e generò figli e figlie. Selach aveva trent'anni quando generò Eber; Selach, dopo aver generato Eber, visse quattrocentotré anni e generò figli e figlie. Eber aveva trentaquattro anni quando generò Peleg; Eber, dopo aver generato Peleg, visse quattrocentotrenta anni e generò figli e figlie. Peleg aveva trent'anni quando generò Reu; Peleg, dopo aver generato Reu, visse duecentonove anni e generò figli e figlie. Reu aveva trentadue anni quando generò Serug; Reu, dopo aver generato Serug, visse duecentosette anni e generò figli e figlie. Serug aveva trent'anni quando generò Nacor; Serug, dopo aver generato Nacor, visse duecento anni e generò figli e figlie. Nacor aveva ventinove anni quando generò Terach; Nacor, dopo aver generato Terach, visse centodiciannove anni e generò figli e figlie. Terach aveva settant'anni quando generò Abram, Nacor e Aran." [Cei 2008]

"Questa è la lista dei discendenti di Sem. Sem generò Arpacsàd, due anni dopo il diluvio, all'età di cent'anni. Dopo la nascita di Arpacsàd, Sem visse altri cinquecento anni ed ebbe ancora figli e figlie. Arpacsàd generò Selach all'età di trentacinque anni.

Dopo la nascita di Selach, Arpacsàd visse altri quattrocentotré anni ed ebbe ancora figli e figlie. Selach generò Eber all'età di trent'anni. Dopo la nascita di Eber, Selach visse altri quattrocentotré anni ed ebbe ancora figli e figlie. Eber generò Peleg all'età di trentaquattro anni. Dopo la nascita di Peleg, Eber visse altri quattrocentotrenta anni ed ebbe ancora figli e figlie. Peleg generò Reu all'età di trent'anni. Dopo la nascita di Reu, Peleg visse altri duecentonove anni ed ebbe ancora figli e figlie. Reu generò Serug all'età di trentadue anni. Dopo la nascita di Serug, Reu visse altri duecentosette anni ed ebbe ancora figli e figlie. Serug generò Nacor all'età di trent'anni. Dopo la nascita di Nacor, Serug visse altri duecento anni ed ebbe ancora figli e figlie. Nacor generò Terach all'età di ventinove anni. Dopo la nascita di Terach, Nacor visse altri centodiciannove anni ed ebbe ancora figli e figlie. Dopo aver compiuto i settant'anni, Terach generò Abram, Nacor e Aran." [interconfessionale]

Effettivamente bisogna comunque riconoscere che a livello biblico di Terah (pur essendo un patriarca) non si hanno grandi informazioni, per fortuna fu un personaggio ben conosciuto anche dalle altre tribù (anche dagli Shakalasa). Rav Yaakov Medan, capo della Yeshivat Har Etzion, affronta però la questione in maniera diversa, proponendo un approccio davvero interessante:

"I nostri Saggi di benedetta memoria non erano dei cantastorie, e coloro che intendono i loro insegnamenti alla lettera sono ovviamente ingenui. Lo scopo delle narrazioni dei Saggi non è quello di trasmettere antiche leggende, bensì quello di interpretare la Torah. La fonte dei racconti dei Saggi è spesso da individuare fra gli episodi biblici precedenti.

Proviamo a dare una spiegazione. In molti casi la Torah è misteriosa non si dilunga sui dettagli degli eventi e sulle loro ragioni. Ciò vale anche per il nostro caso, poiché non troviamo alcuna spiegazione della partenza di Terach da Ur Kasdim, e neppure della scelta di Abramo da parte di Dio. I Saggi, in quanto commentatori biblici, ci chiariscono ciò che nella Torah è opaco. Per tale ragione essi creano leggende che "riempiono i vuoti" nel testo. Ogni volta che ci sono dei vuoti nella narrazione biblica, i Saggi mettono a confronto i personaggi della storia in esame con quelli di un altro passo biblico. Questo confronto fornisce le basi per un "riempimento" del quadro, per creare una sorta di "fotomontaggio" che permette di recuperare i pezzi mancanti del puzzle" (fonte: http://www.vbm-torah.org/archive/parsha65/02-65noach.htm).

Ur fu una città molto importante di cui svariate fonti semitiche ne parlano. Sapete chi fu re di quella città? Nimrod. Di questo personaggio, appartenente agli Shakalasa dal alto paterno, ne abbiamo già trattato ampliamente nel volume precedente. Ora

cercheremo di aggiungere qualche altra informazione per completare quanto già imparato nel volume 1 e per capire meglio determinate dinamiche che riguardano non solo Abramo e la sua discendenza ma anche, come però verrà spiegato nel capitolo successivo, quelle che sono le origini siculo-semitiche del natale!
Ad Ur da un lato, c'era il potere dello Stato, "la polizia", il militare, che è stato rappresentato da Nimrod, e d'altra parte, il potere spirituale, rappresentato da Terah (il padre di Abramo).
Ognuno di loro aveva una forte personalità.
A causa di certi eventi, i cui particolari purtroppo non sono facili da ricostruire, si crearono delle grandi fazioni: per "Nimrod, contro Nimrod, ecc." Ma Nimrod era un leader molto forte, e Terah, il padre di Abramo, lo serviva, per così dire, era

la sua mano destra, come leader spirituale del popolo.

Quando inizialmente nominai le varie fonti che parlano di questi personaggi, ovviamente, non facevo solo riferimento alla Bibbia od a qualche commento rabbinico, il Midrash è molto importante in questo caso poiché pur appartenendo a quelle che sono considerate fonti extrabibliche, combacia perfettamente con quanto ci interessa e approfondisce quanto non detto dalla Genesi. Il Midrash (Bereshit Rabbah 38, 13) racconta:

“Terach era un adoratore di idoli. Un giorno egli si recò in qualche luogo, e lasciò Abramo ad occuparsi del suo negozio.

[…] Giunse una donna, che portò una ciotola di farina e disse ad Abramo: «Prendi la ciotola e offrila agli idoli». Abramo si alzò, prese un bastone e distrusse tutti gli idoli, lasciando il bastone nelle mani dell'idolo più grande. Quando suo padre fece ritorno, chiese ad Abramo: «Chi è stato a fare questo?» Egli rispose: «Che cosa ho da nascondere? Una donna è venuta con una ciotola di farina e mi ha detto di offrirla agli idoli. Io la ho offerta, ma un idolo ha detto: la mangerò prima io! E un altro ha detto: la mangerò prima io! Allora l'idolo più grande si è alzato, ha preso il bastone, e li ha frantumati».Terach disse: «Che sciocchezze mi stai dicendo? Gli idoli hanno forse un intelletto?» Abramo rispose: «Le tue orecchie ascoltino ciò che la tua bocca ha detto!» Terach allora lo portò dinanzi a Nimrod". Dopo l'episodio degli idoli, secondo il Midrash Bereshit Rabbah, Abramo fu condotto al cospetto di Nimrod, re di Bavèl (Babilonia). Il sovrano esortò il giovane ad adorare gli elementi della natura, ma questi si rifiutò. Apro ora una piccola e breve parentesi, molto interessante però, già nel volume precedente avevo parlato di quanto Nimrod fosse collegato con La costruzione della Torre di Babele. È fortemente interessante aggiungere che Babele in ebraico è formata dai termini Bab + El, il primo significa porta, il secondo comunemente tradotto con Dio (singolare) in realtà ha il significato più generico (generico magari lo è però ai nostri occhi e con la nostra cultura occidentale e moderna, probabilmente in antichità era molto specifico invece) di Potente (nel senso di uomo potente, individuo potente, forte, padrone, signore etc), dunque abbiamo porta di El (comunemente chiamata porta di dio). Perché Nimrod volle costruire quella torre? La storia è già stata sviscerata nel volume precedente, quindi, in sostanza, perché voleva raggiungere gli dei. Ci chiediamo quindi quale reale e concreta funzione potesse avere quella torre costruita in un sito dal nome così suggestivo. Un elemento che potrebbe chiarire la questione lo troviamo nel Talmud babilonese : "Perché, allora, fu chiamato Nimrod? Perché istigò il mondo intero a ribellarsi alla sovranità di Dio". Forse la torre di Babele serviva a raggiungere "Dio" per potersi ribellare a lui e combatterlo? Infatti sappiamo che Nimrod fu un grand'uomo: fu il primo ad essere potente sulla terra. Prima di lui, i "potenti" erano soddisfatti di avere lo stesso livello dei loro vicini, e, sebbene ogni uomo detti le regole nella propria casa, tuttavia l'uomo non pretendeva ancora che così avvenisse anche di fuori di essa. Nimrod volle dominare i suoi vicini. Lo spirito dei giganti prima dell'inondazione, che divennero uomini potenti e uomini famosi, Gen. 6:4, rivissero in lui. Nimrod era un grande cacciatore: cacciare era il modo per evitare l'aumento sproporzionato delle bestie selvatiche. Questo richiedeva grande coraggio e spirito di comando, cosicché Nimrod ebbe l'opportunità di dare ordini agli altri e gradualmente di raggruppare molti uomini intorno ad un Leader. Dopo questo inizio è probabile che Nimrod cominciò a governare e a forzare gli altri a sottomettersi a lui. Egli calpestò i diritti altrui invadendo le proprietà dei suoi vicini e perseguitando uomini innocenti per mezzo della forza e della violenza. Egli fece oppressioni e violenze senza avere rispetto nemmeno per Dio stesso. Nimrod fu un grande Leader: in un modo o in un altro, per arti o per armi, egli divenne così potente da fondare una monarchia, così potente da essere l'uomo del terrore. Egli voleva governare tutto il mondo.Andiamo ora ad indagare circa la storia che lega Nimrod (che quindi rappresenta gli Shakalasa) e Abramo. Nimrod veniva definito anche come un adoratore di idoli pagani, residente in un meraviglioso castello situato sulla cima di una scogliera che si affacciava sulla città. Forse ci viene da pensare che un'abitazione di quel tipo non fu casuale ma voluta, in quanto proveniente dalla Sicilia aveva il bisogno di vedere vicino alla sua casa il mare. Una notte Nimrod ebbe un sogno: presto sarebbe nato ad Urfa un ragazzo che avrebbe sfidato la sua autorità e liberato la città dalla tirannia. A questo punto Nimrod fu così spaventato da ordinare ai suoi uomini di uccidere tutti i bambini maschi nati nel corso dell'anno successivo. Tuttavia una donna già incinta riuscì a nascondere la sua condizione: sfuggì agli ordini di Nimrod e poco tempo dopo partorì in una grotta, localizzata alla base della scogliera sulla quale era costruita la dimora di re Nimrod, un bimbo di nome Ibrahim/Abramo. Il bimbo visse nella grotta, lontano da occhi indiscreti, per ben sette anni. Dunque il legame tra Nimrod e Abramo sta in questo racconto. Quella che poi fu tutta la discendenza di Abramo può sembrare complessa in quanto è molto lunga. Abramo si unì con Chetura, Agar e Sara. Chetura, in ebraico: קְטוּרָה, Ktura, che significa forse "incenso" (Schloen, J. David. "Caravans, Kenites, and Casus Belli: Enmity and Alliance in the Song of Deborah." *The Catholic Biblical Quarterly*, vol. 55, no. 1, 1993, pp. 18–38. JSTOR, www.jstor.org/stable/43721140.) essa generò con Abramo sei figli: Zimran, Ioksan, Medan, Madian, Isbak e Suach. Da Ioksan, poi, nacquero Saba e Dedan, il quale a sua volta generò gli Assurìm, i Letusìm e i Leummìm. Da Madian invece, nacquero Efa, Efer, Enoc, Abidà ed Eldaà. Dai figli di Abramo e Keturà sarebbero nate le tribù arabe meridionali e orientali.

Figura 8
Di sconosciuto - Derivative of File:HVenice6.jpg, Pubblico dominio, https://commons.wikimedia.org/w/index.php?curid=30172674

Famiglia di Abramo: a destra Keturà e i suoi sei figli, a sinistra Agar e Ismaele e al centro Sara e Isacco. Immagine tratta dalla Haggadah stampata a Venezia nel 1630.

Ecco i passi in cui viene citata nella Genesi:

"Ella gli partorì Zimran, Ioksan, Medan, Madian, Isbak e Suach. Ioksan generò Saba e Dedan, e i figli di Dedan furono gli Assurìm, i Letusìm e i Leummìm. I figli di Madian furono Efa,

Efer, Enoc, Abidà ed Eldaà. Tutti questi sono i figli di Keturà. Abramo diede tutti i suoi beni a Isacco. Invece ai figli delle concubine, che aveva avuto, Abramo fece doni e, mentre era ancora in vita, li licenziò, mandandoli lontano da Isacco suo figlio, verso il levante, nella regione orientale." [Genesi 25, 2-6] Poi abbiamo Agar, la schiava egiziana. in Ebraico הָגָר, H in āgar; هاجر Arabo; "Straniera". Viene citata in Genesi:

"Sarài, moglie di Abram, non gli aveva dato figli. Avendo però una schiava egiziana chiamata Agar, [2] Sarài disse ad Abram: "Ecco, il Signore mi ha impedito di aver prole; unisciti alla mia schiava: forse da lei potrò avere figli". Abram ascoltò l'invito di Sarài. Così, al termine di dieci anni da quando Abram abitava nella terra di Canaan, Sarài, moglie di Abram, prese Agar

l'Egiziana, sua schiava, e la diede in moglie ad Abram, suo marito. Egli si unì ad Agar, che restò incinta. Ma, quando essa si accorse di essere incinta, la sua padrona non contò più nulla per lei." [Genesi 16, 1- 4]

inoltre sappiamo che Agar non è citata direttamente nel Corano ma è conosciuta, sotto la variante Hājar, dalla tradizione musulmana ed è considerata come la seconda sposa di Abramo e la madre del suo figlio primogenito Ismaele/Ismāʿīl. A lei si riconduce il rito del sa'y, che si svolge nel corso dei pellegrinaggi maggiore e minore, del hajj e della ʿumra tra le collinette meccane di Safa e Marwa.

Poi abbiamo Sara, in ebraico שָׂרָה Sarah significa principessa. Nel Libro della Genesi, Sara gioca un ruolo fondamentale nella costruzione della discendenza eletta, dopo che Abramo esce da Carran e iniziano gli avvenimenti che porteranno alla costituzione del popolo eletto. In base alla cronologia biblica Sara nasce all'incirca nel 2028 a.C. da Tera, padre di Abramo. Sara è quindi sorellastra del marito, figlia dello stesso padre, ma non della stessa madre. Isacco, l'importante figlio di Abramo e Sara si unì con Rebecca. Morta la sua consorte Sara, Abramo si prodiga a cercare una moglie per suo figlio Isacco. Questo compito lo affiderà a un suo servo, Eliezer, che giunge alla prossimità di un pozzo che si trova nella città di Arran e dove incontra una giovane donna dal nome Rebecca, che si rivela essere figlia del fratello di Abramo. Essa successivamente lo presenterà alla sua famiglia e a suo fratello Labano. Alla fine sceglie di seguire il servo e di diventare sposa del cugino Isacco. È anche molto interessante l'assonanza tra Isacco e Issacar. Andando avanti nella discendenza di Abramo; da Lia (sorella maggiore) figlia di Giacobbe abbiamo: Ruben, Simeone, Levi, Giuda, Issacar, Zabulun. Di issacar ne abbiamo già parlato sia in questa sede che nel volume precedente. È comunque importante comprendere quanto il legame tra gli Shakalasa e le varie tribù semitiche fosse forte (sia in caso di belligeranza sia in caso di alleanza). Il faraone Merenptah afferma che sconfisse gli invasori, uccidendo 6.000 soldati e prendendo 9.000 prigionieri. Per essere sicuri dei numeri, si provvide a recidere il pene di tutti i cadaveri non circoncisi e le mani di tutti i circoncisi; tra questi ultimi, erano annoverati 222 Šekeleš (Shakalasa). Non si può non far notare che la pratica della circoncisione fu poi adottata dalla tribù di Israele (ecco uno degli elementi che giustifica il titolo di questo saggio). Nella stele di cui si parlò nei capitoli precedenti leggiamo, già traslitterato: "« [… Šr]dn Škrš Jqwš n(yw) nȝ ḫȝswt n(ywt) pȝ ym nty bn n⸗w q[rnt] […] Škrš s 222» che in italiano vuol dire: «Shardana, Shekelesh, Akawasha dalle terre straniere del mare, che sono circoncisi. [...] Shekelesh: 222

uomini» chiudiamo questa parentesi molto importante e proseguiamo. Da Bila, serva di Rachele, abbiamo: Dan e Neftali. Non parlerò di Dan in quanto non ci sarebbe altro che potrei aggiungere a quanto già postulato da Leonardo Melis nei suoi lavori.

Figura 9
Di The S.S. Teacher's Edition: The Holy Bible. New York: Henry Frowde, Publisher to the University of Oxford, 1896. - ralile(www.lastar.org), Pubblico dominio, https://commons.wikimedia.org/w/index.php?curid=2455825
Simbolo della tribù di Neftali

Il nome ricorda molto quello della regina Nefertari.

Figura 10
Il famosissimo cartiglio in cui possiamo leggere: "Nefertary merit en mut), ovvero "la bellissima Nefertary protetta da(la dea) Mut"

Già nel primo volume avevamo visto come il Dio Ra aveva origine molto particolari, forse vale lo stesso anche per questa grande donna del passato? Infine, come abbiamo visto dalla genealogica, Issacar è un discendente diretto di Abramo, altro elemento fortemente interessante (e che giustifica il titolo di questo volume).

5

Parallelismo Con Il Vangelo

Come ben sappiamo il Vangelo è strettamente legato alla natività, evento molto importante per la teologia cristiana. Questo ultimo capitolo andrà a chiudere lo studio iniziato nel primo volume di questa serie. Per farlo, dobbiamo riprendere il personaggio di Nimrod. In sostanza abbiamo visto che una notte a Ur il Re Shakalasa Nimrod ebbe una visione molto particolare – secondo altre fonti invece furono gli astrologi e tutti i suoi consiglieri – nel cielo si poteva vedere una cometa che veniva da oriente. Questo segno fu interpretato con una connotazione decisamente negativa per il trono di Nimrod. Così, egli diede l'ordine di uccidere tutti i bambini nati entro un anno, in quanto secondo gli esperti quella cometa era segno di grande sventura per il Re. In quella notte nacque Abramo, ma i suoi genitori riuscirono inizialmente a tenerlo nascosto. Venne partorito in una grotte e per sfuggire a Nimrod restò lì per parecchio tempo. Altre fonti raccontano invece che Terah, il padre, accettò di vendere Abramo a Nimrod, però al momento dello scambiò fu consegnato un altro bambino al Re (Nimrod fece bruciare in un forno quel neonato), quindi comunque qualsiasi tradizione si voglia prendere come riferimento, in sostanza, Abramo sopravvisse. Il lettore attento avrà sicuramente notato qualcosa di familiare in questa storia. In quale altro racconto, molto più tardo troviamo elementi come un Re molto potente e capace di macchiarsi di atti crudeli, una cometa che segna la nascita di un messia, ed il suddetto messia nascere in una grotta? Quasi quasi sembrerebbe la natività, c'è anche in comune il fatto che il Re fece uccidere tutti i primogeniti entro un anno. Vuoi vedere che forse anche un altro elemento del natale come la nascita di cristo ha origini ben più antiche? È inoltre importante chiarire che il racconto che vede Nimrod e Abramo è molto antico e più vecchio di quello narrato dal Vangelo, dunque non ci sono dubbi su quale sia l'originale.

Nel Vangelo di Matteo leggiamo "**1,1** Genealogia di Gesù Cristo figlio di Davide, figlio di Abramo. **2** Abramo generò Isacco, Isacco generò Giacobbe, Giacobbe generò Giuda e i suoi fratelli, **3** Giuda generò Fares e Zara da Tamar, Fares generò Esròm, Esròm generò Aram, **4** Aram generò Aminadàb, Aminadàb generò Naassòn, Naassòn generò Salmòn, **5** Salmòn

generò Booz da Racab, Booz generò Obed da Rut, Obed generò
Iesse, **6** Iesse generò il re Davide.
Davide generò Salomone da quella che era stata la moglie di
Urìa, **7** Salomone generò Roboamo, Roboamo generò Abìa, Abìa
generò Asàf, **8** Asàf generò Giòsafat, Giòsafat generò Ioram,
Ioram generò Ozia, **9** Ozia generò Ioatam, Ioatam generò Acaz,
Acaz generò Ezechia, **10** Ezechia generò Manasse, Manasse
generò Amos, Amos generò Giosia, **11** Giosia generò Ieconia e i
suoi fratelli, al tempo della deportazione in Babilonia. **12** Dopo
la deportazione in Babilonia, Ieconia generò Salatiel, Salatiel
generò Zorobabèle, **13** Zorobabèle generò Abiùd, Abiùd generò
Elìacim, Elìacim generò Azor, **14** Azor generò Sadoc, Sadoc
generò Achim, Achim generò Eliùd, **15** Eliùd generò Eleàzar,

Eleàzar generò Mattan, Mattan generò Giacobbe, **16** Giacobbe
generò Giuseppe, lo sposo di Maria, dalla quale è nato Gesù
chiamato Cristo. **17** La somma di tutte le generazioni, da
Abramo a Davide, è così di quattordici; da Davide fino alla
deportazione in Babilonia è ancora di quattordici; dalla
deportazione in Babilonia a Cristo è, infine, di quattordici.
18 Ecco come avvenne la nascita di Gesù Cristo: sua madre
Maria, essendo promessa sposa di Giuseppe, prima che
andassero a vivere insieme si trovò incinta per opera dello Spirito
Santo. **19** Giuseppe suo sposo, che era giusto e non voleva
ripudiarla, decise di licenziarla in segreto. **20** Mentre però stava
pensando a queste cose, ecco che gli apparve in sogno un angelo
del Signore e gli disse: «Giuseppe, figlio di Davide, non temere

di prendere con te Maria, tua sposa, perché quel che è generato in
lei viene dallo Spirito Santo. **21** Essa partorirà un figlio e tu lo
chiamerai Gesù: egli infatti salverà il suo popolo dai suoi
peccati». **22** Tutto questo avvenne perché si adempisse ciò che
era stato detto dal Signore per mezzo del profeta:"

E ancora leggiamo "**2,1** Gesù nacque a Betlemme di Giudea, al
tempo del re Erode. Alcuni Magi giunsero da oriente a
Gerusalemme e domandavano: **2** «Dov'è il re dei Giudei che è
nato? Abbiamo visto sorgere la sua stella, e siamo venuti per
adorarlo». **3** All'udire queste parole, il re Erode restò turbato e
con lui tutta Gerusalemme. **4** Riuniti tutti i sommi sacerdoti e gli
scribi del popolo, s'informava da loro sul luogo in cui doveva
nascere il Messia. **5** Gli risposero: «A Betlemme di Giudea,

perché così è scritto per mezzo del profeta:
6 *E tu, Betlemme*, terra di Giuda,*non sei* davvero *il più piccolo*
capoluogo di Giuda:da te uscirà infatti un capo
che pascerà il mio popolo, Israele».**7** Allora Erode, chiamati
segretamente i Magi, si fece dire con esattezza da loro il tempo
in cui era apparsa la stella **8** e li inviò a Betlemme esortandoli:
«Andate e informatevi accuratamente del bambino e, quando
l'avrete trovato, fatemelo sapere, perché anch'io venga ad
adorarlo».**9** Udite le parole del re, essi partirono. Ed ecco la
stella, che avevano visto nel suo sorgere, li precedeva, finché
giunse e si fermò sopra il luogo dove si trovava il
bambino. **10** Al vedere la stella, essi provarono una grandissima
gioia. **11** Entrati nella casa, videro il bambino con Maria sua

madre, e prostratisi lo adorarono. Poi aprirono i loro scrigni e gli offrirono in dono oro, incenso e mirra. **12** Avvertiti poi in sogno di non tornare da Erode, per un'altra strada fecero ritorno al loro paese.**13** Essi erano appena partiti, quando un angelo del Signore apparve in sogno a Giuseppe e gli disse: «Alzati, prendi con te il bambino e sua madre e fuggi in Egitto, e resta là finché non ti avvertirò, perché Erode sta cercando il bambino per ucciderlo».**14** Giuseppe, destatosi, prese con sé il bambino e sua madre nella notte e fuggì in Egitto, **15** dove rimase fino alla morte di Erode." Impossibile non notare che è una copia del racconto di Abramo. Nel vangelo di Luca leggiamo: "**1,26** Nel sesto mese, l'angelo Gabriele fu mandato da Dio in una città della Galilea, chiamata Nazaret, **27** a una vergine, promessa

sposa di un uomo della casa di Davide, chiamato Giuseppe. La
vergine si chiamava Maria. **28** Entrando da lei, disse: «Ti saluto,
o piena di grazia, il Signore è con te». **29** A queste parole ella
rimase turbata e si domandava che senso avesse un tale
saluto. **30** L'angelo le disse: «Non temere, Maria, perché hai
trovato grazia presso Dio. **31** Ecco concepirai un figlio, lo darai
alla luce e lo chiamerai Gesù. **32** Sarà grande e chiamato Figlio
dell'Altissimo; il Signore Dio gli darà il trono di Davide suo
padre **33** e regnerà per sempre sulla casa di Giacobbe e il suo
regno non avrà fine».**34** Allora Maria disse all'angelo: «Come è
possibile? Non conosco uomo». **35** Le rispose l'angelo: «Lo
Spirito Santo scenderà su di te, su te stenderà la sua ombra la
potenza dell'Altissimo. Colui che nascerà sarà dunque santo e

chiamato Figlio di Dio."

La nascita di Gesù è descritta anche in alcuni vangeli apocrifi, dove è arricchita di particolari e aspetti miracolistici. Data la tarda età di composizione e il prevalere dell'interesse magico-fiabesco, il valore storico di questi testi è limitato ma possono aver raccolto qualche particolare storicamente fondato.
Il Protovangelo di Giacomo (metà II secolo) armonizza la narrazione di Matteo (Magi, persecuzione di Erode e fuga in Egitto) e Luca (censimento). Quanto al luogo, la nascita avviene a Betlemme in una grotta, questo particolare, assente nei vangeli canonici, è diventato un elemento importante nella rappresentazione del presepe.

Noi per fortuna possiamo dire che è vero il fatto che il presepe deriva da questi particolari descritti nei vangeli, però bisogna dire anche cosa c'era prima. Una storia molto più antica ed originale, dalla quale sono stati presi gli elementi caratteristici, cosa tra l'altro molto comune. Questo è quanto si può leggere nel proto vangelo di Giacomo: "[17, 1] Venne
un ordine dall'imperatore Augusto affinché si facesse
il censimento di tutti
gli abitanti di Betlemme della Giudea. Giuseppe pensò: "Io farò recensire tutti i miei figli; ma che farò con questa fanciulla? Come farla recensire? Come mia moglie? Mi vergogno. Come mia figlia? Ma, in Israele tutti sanno che non è mia figlia. Questo

è il giorno del Signore, e il Signore farà secondo il suo beneplacito".

[2] Sellò l'asino e vi fece sedere Maria: il figlio di lui tirava la bestia e Giuseppe li accompagnava. Giunti a tre miglia, Giuseppe si voltò e la vide triste; disse tra s,: "Probabilmente quello che è in lei la travaglia". Voltatosi nuovamente, vide che rideva. Allora le domandò: "Che cosa hai, Maria, che vedo il tuo viso ora sorridente e ora rattristato?". Maria rispose a Giuseppe: "E' perché vedo, con i miei occhi, due popoli: uno piange e fa cordoglio, l'altro è pieno di gioia e esulta". [3] Quando giunsero a metà strada, Maria gli disse:

"Calami giù dall'asino, perché quello che è in me ha fretta di venire fuori". La calògiù dall'asino e le disse: "Dove posso condurti per mettere al riparo il tuo pudore? Il luogo, infatti, è deserto"."

Anche il tardo Vangelo arabo dell'infanzia (probabilmente VIII-IX secolo) riprende dal Protovangelo diversi elementi, tra i quali la nascita a Betlemme in una grotta. Dunque, dubbi non ne abbiamo e quanto si può fare è semplicemente invitare tutti a riflettere su quanto esposto.

Conclusione

La conclusione di questo secondo volume voglio darla portando ulteriori informazioni sul grandissimo ed inestimabile valore storico della popolazione Shakalasa. Parliamo della Feluca, imbarcazione che ogni Messinese conosce… ma non solo! Il nome viene dall'arabo فلوكه falu:ka; a sua volta dal greco epholkion "palischermo, scialuppa". I più esperti, i quali purtroppo non hanno mai provveduto ad ampliare le informazioni presenti su wikipedia, sanno che in tempi antichi la pesca del pesce spada nello stretto di Messina (ecco a cosa serviva principalmente la feluca) avveniva con una grande imbarcazione che faceva da "palo" la quale è propriamente la feluca, ma l'atto in sé di inseguire il pesce e la sua relativa cattura era delegata ad un'altra imbarcazione chiamata "luntriceddu" che essendo molto più piccola ed estremamente leggera poteva muoversi rapidamente per catturare il pesce e poi tornare alla più grande e tozza Feluca a consegnare il pescato. Queste imbarcazioni che oggi si spostano grazie alla spinta meccanica dei motori, un tempo venivano spostate a remi o con particolari vele.

Ecco un luntriceddu messinese:

L'egittologo Dottor Massimo Barbetta nella seguente intervista (https://www.youtube.com/watch?v=3fCkbRcFtKE&t=4501s) spiega come anche le Feluche erano presenti nella cultura degli antichi egizi, dotate delle medesime caratteristiche che noi ben conosciamo. Se uniamo questa informazione importantissima con quanto si può evincere dagli studi fatti nel presente volume, ma anche da quelli fatti dagli altri studiosi che si sono occupati del tema, pare ovvio che gli Shakalasa hanno importato la feluca nell'antico Egitto! Ma c'è di più! Ancora oggi, come esistono le feluche in Sicilia, esistono le feluche che si spostano sul Nilo. Resta solo da capire perché i libri di storia tacciono. Gli Shakalasa quando colonizzavano importavano anche le loro usanze, e facendo essi parte dei popoli del mare, è logico che prima di tutto avevano un occhio di riguardo per tutto ciò che riguarda il mondo del mare, della navigazione etc.

Ecco la “moderna” Feluca messinese:

Figura 11

Di Villese92 - Opera propria, Pubblico dominio, https://commons.wikimedia.org/w/index.php?curid=4694512

Ed ecco le prove fotografiche (!) della presenza sul Nilo delle feluche, molte delle quali ancora oggi vanno soltanto a vela:

(c)2010 davv33 & losviajeros.com

AlbumDigital.org

Inoltre con una piccola ricerca su internet – digitando ad esempio le parole chiavi “feluca” e “nilo” – possiamo apprezzare come in Egitto vengano valorizzate le feluche con interessanti iniziative:

Giro in feluca sul Nilo: tra Assuan e Luxor duecento chilometri nella storia

VIAGGI > MONDO

Lunedì 29 Settembre 2014 di Francesca Spanò

Scivola nell'acqua placida, in un itinerario rilassanto bonodetto dai raggi del sole, mentre lungo il tragitto si incontrano bambini sorridenti che si divertono a giocare nel fiume. Un giro in feluca sul Nilo, durante un viaggio in Egitto, è praticamente d'obbligo. Provare questa barca a vela tradizionale nel tratto

Ecco delle feluche a vela ad Assuan:

Figura 13

Ecco una feluca a vela nei pressi dell'isola di Elefantina:

Figura 14

Così si conclude il libro, invitando tutti i lettori a ragionare e riflettere sui temi affrontati. È stato bellissimo poter unire alle conoscenze apprese nel primo volume che:

1. Le tribù di Israele ed anche tantissimi popoli semitici avevano contatti con i popoli del mare;
2. La storia della natività di Gesù ha origini antichissime ed è una copia di un racconto che ha tra i protagonisti Nimrod, un Shakalasa, che poi ispirò la Chiesa (come abbiamo visto nel primo volume) per creare l'iconografia di babbo natale (san nicola). Sarà un caso che Nimrod è una costante quando si parla delle origini antiche del natale?

3. Vedere come la cultura sicula ha condizionato tanti altri popoli, e che ancora oggi sul Nilo si possono vedere le Feluche. Tra l'altro esse hanno mantenuto la tradizione di essere a vela, diversamente da quanto è avvenuto a Messina visto che ormai sono tutte dotate di motore.

Fonti

Di Sharon Mollerus - originally posted to Flickr as How Cool Is Writing?, CC BY 2.0, https://commons.wikimedia.org/w/index.php?curid=7633385
https://it.wikipedia.org/wiki/Lineare_B
Di Heretiq - Opera propria, CC BY-SA 2.5,
https://commons.wikimedia.org/w/index.php?curid=587509
https://it.wikipedia.org/wiki/Lettere_di_Amarna
https://it.wikipedia.org/wiki/Popoli_del_Mare#cite_note-10
https://it.wikipedia.org/wiki/Popoli_del_Mare#cite_note-9
https://it.wikipedia.org/wiki/Popoli_del_Mare#cite_note-5
https://it.wikipedia.org/wiki/Popoli_del_Mare#cite_note-15
https://it.wikipedia.org/wiki/Popoli_del_Mare#cite_note-19
http://www.treccani.it/enciclopedia/popoli-del-mare_%28Dizionario-di-Storia%29/
https://it.wikipedia.org/wiki/Nuovo_Regno_(Egitto)
Di Olaf Tausch - Opera propria, CC BY 3.0,
https://commons.wikimedia.org/w/index.php?curid=9870805
Di William M. Flinders Petrie after king Merenptah's inscription - William M. Flinders Petrie, Six Temples at Thebes, London (1897), plate 14, Pubblico dominio, https://commons.wikimedia.org/w/index.php?curid=1046706
https://it.wikipedia.org/wiki/Stele_di_Merenptah
Di sconosciuto, CC BY-SA 2.0 fr,
https://commons.wikimedia.org/w/index.php?curid=2994549
https://it.wikipedia.org/wiki/%C5%A0ekele%C5%A1#cite_note-37
Giovanni Garbini, I Filistei. Gli antagonisti di Israele, Rusconi, Milano, 1997, p. 27 e succ.ve
https://it.wikipedia.org/wiki/%C5%A0ekele%C5%A1
https://it.wikipedia.org/wiki/Popoli_del_Mare
http://www.museodeidolmen.it/popomare1.html
http://www.museodeidolmen.it/popomare4.html

http://www.museodeidolmen.it/popomare8.html
https://pixabay.com/it/photos/vicolo-strada-sicilia-italia-3630540/
http://www.treccani.it/enciclopedia/sicilia/
Salvatore Piccolo, Antiche Pietre: La Cultura dei Dolmen nella Preistoria della Sicilia sud-orientale, Morrone Ed., Siracusa 2007.
Di Bjs - Opera propriaCamera Canon EOS 300V with Canon Zoom Lens EF 28-90mmScan from the film negative, CC0, https://commons.wikimedia.org/w/index.php?curid=675290
https://it.wikipedia.org/wiki/Sicilia
Di Mboesch - Opera propria, CC BY-SA 3.0, https://commons.wikimedia.org/w/index.php?curid=30593394
https://it.cathopedia.org/wiki/Abramo
https://it.m.wikipedia.org/wiki/Abramo
https://www.bibbiaedu.it/CEI2008/at/Gen/17/
https://www.bibbiaedu.it/INTERCONFESSIONALE/at/Gn/17/
http://www.sentieriantichi.org/biblioteca/bibbia.html
http://www.sentieriantichi.org/biblioteca/bibbia-1607-Bibbia_diodati.pdf
https://www.laparola.net/testo.php
http://www.vatican.va/archive/bible/nova_vulgata/documents/nova-vulgata_vt_genesis_lt.html#17
https://www.bibbiaedu.it/GRECO_LXX/at/Gen/17/
https://www.bibbiaedu.it/EBRAICO/at/Gen/17/
http://qbible.com/hebrew-old-testament/genesis/17.html#5
http://lexiconcordance.com/hebrew/1471.html
Di Published by Guillaume Rouille(1518?-1589) - "Promptuarii Iconum Insigniorum ", Pubblico dominio, https://commons.wikimedia.org/w/index.php?curid=8804631
https://it.wikipedia.org/wiki/Terach
https://www.bibbiaedu.it/CEI2008/at/Gen/11/
https://www.bibbiaedu.it/INTERCONFESSIONALE/at/Gn/11/

https://www.conformingtojesus.com/charts-maps/it/genealogia_di_abramo.htm
http://laitman.it/2014/09/23/abramo-e-nimrod-un-dibattito-che-continua-ancora-oggi/
http://www.vbm-torah.org/archive/parsha65/02-65noach.htm
https://sguardoasion.com/2014/10/28/la-gioventu-di-abramo-quando-la-torah-tace-il-midrash-parla/
http://www.fmboschetto.it/religione/Genesi/Genesi_8.htm
https://www.laparola.net/testo.php?versioni[]=Commentario&riferimento=Genesi10
https://www.conformingtojesus.com/charts-maps/it/genealogia_di_abramo.htm
Schloen, J. David. "Caravans, Kenites, and Casus Belli: Enmity and Alliance in the Song of Deborah." The Catholic Biblical Quarterly, vol. 55, no. 1, 1993, pp. 18–38. JSTOR, www.jstor.org/stable/43721140.
https://it.wikipedia.org/wiki/Ketur%C3%A0#cite_note-1
https://it.wikipedia.org/wiki/Ketur%C3%A0#cite_note-5
https://it.wikipedia.org/wiki/Ketur%C3%A0
Di sconosciuto - Derivative of File:HVenice6.jpg, Pubblico dominio, https://commons.wikimedia.org/w/index.php?curid=3017267
https://www.bibbiaedu.it/CEI2008/at/Gen/25/
https://www.bibbiaedu.it/CEI2008/at/Gen/16/
https://it.wikipedia.org/wiki/Agar_(Bibbia)
https://it.wikipedia.org/wiki/Sara_(Bibbia)
https://it.wikipedia.org/wiki/Rebecca_(Bibbia)
https://it.wikipedia.org/wiki/Sara_(Bibbia)
https://www.conformingtojesus.com/charts-maps/it/genealogia_di_abramo.htm
Di The S.S. Teacher's Edition: The Holy Bible. New York: Henry Frowde, Publisher to the University of Oxford, 1896. - ralile(www.lastar.org), Pubblico dominio, https://commons.wikimedia.org/w/index.php?curid=2455825

https://it.wikipedia.org/wiki/Nascita_di_Ges%C3%B9
http://www.laparola.net/wiki.php?riferimento=Mt1-2&formato_rif=vp
http://www.laparola.net/wiki.php?riferimento=Lc1%2C26-2%2C39&formato_rif=vp
http://www.intratext.com/IXT/ITA0446/_PH.HTM
Di Villese92 - Opera propria, Pubblico dominio, https://commons.wikimedia.org/w/index.php?curid=4694512
CC BY-SA 3.0, https://commons.wikimedia.org/w/index.php?curid=1026695
CC BY-SA 2.0, https://commons.wikimedia.org/w/index.php?curid=181178
https://www.ilmessaggero.it/viaggi/mondo/nilo_assuan_luxor_duecento_chilometri-614013.html

Bibliografia

Nietzsche, F., *L'Anticristo*, Edizioni Clandestine, 2007 Marina di Massa (Ms).

Staffa, G., *i personaggi più malvagi della Chiesa, dalla santa inquisizione all'olocausto, la crudeltà si annida tra le pieghe millenarie del clero*, Newton Compton Editori, 2013 Roma.

Zakrzewicz, A., *i labirinti oscuri del vaticano, da emanuela orlandi ai segreti della banca vaticana cosa si nasconde dietro lo stato più potente del mondo?*, Newton Compton Editori, 2013 Roma.

Pigozzi, C., *dossier vaticano, un'indagine esclusiva sugli scandali, i segreti e i misteri del vaticano,* Newton Compton Editori, 2013 Roma.

Rendina, C., *i peccati del vaticano, superbia, avarizia, lussuria, pedofilia: gli scandali e i segreti della chiesa cattolica,* Newton Compton Editori, 2009 Roma.

Gardner L., *la linea di sangue del santo graal, la storia segreta dei discendenti del graal,* Newton Compton Editori, 2006 Roma.

Godman, P., *hitler e il vaitcano, dagli archivi segreti vaticani la vera storia dei rapporti fra il nazismo e la chiesa,* Lindau, 2005 Torino.

Augias, C., Vannini, M., *inchiesta su Maria, la storia vera della fanciulla che divenne mito,* Rizzoli, 2013 Milano.

Biglino, M., *resurrezione reincarnazione facole consolatorie o realtà?,* Uno Editori, 2016 Orbassano (To).

Biglino, M., *il libro che cambierà per sempre le nostre idee sulla bibbia, gli dei che giunsero dallo spazio?,* Uno Editori, 2012 Orbassano (To).

Biglino, M., *il dio alieno della bibbia, dalla traduzione letterale degli antichi codici ebraici,* Uno Editori, 2011 Orbassano (To).

Biglino, M., *non c'è creazione nella bibbia, le genesi ci racconta un'altra storia,* Uno Editori, 2012 Orbassano (To).

Biglino, M., *la bibbia non è un libro sacro, il grande inganno,* Uno Editori, 2013 Orbassano (To).

Biglino, M., *antico e nuovo testamento libri senza dio, come le religioni sono state costruite a tavolino per mantenere il potere,* Uno Editori, 2016 Orbassano (To).

Biglino, M., *la bibbia non parla di dio, uno studio rivoluzionario sull'antico testamento,* Mondadori, 2016 Milano.

Biglino, M., Baccarini, E., *la caduta degli dei, bibbia e testi induisti: la storia va riscritta,* Uno Editori, 2017 Orbassano (To).

Biglino, M., Forni, L., *la bibbia non l'ha mai detto, perché la legge di Dio non deve diventare la legge degli uomini,* Mondadori, 2017 Milano.

Biglino, M., *il libro che cambierà per sempre le nostre idee sulla bibbia, gli dei che giunsero dallo spazio?* Uno Editori, 2018 Orbassano (To).

Barbetta, M., Biglino, M., *le porte degli elohim, ipotesi bibliche ed extrabibliche da adamo al gan eden,* Uno Editori, 2018 Orbassano (To).

Biglino, M., Esposito, F., *dei e semidei, il pantheon dell'antico e del nuovo testamento,* Uno Editori, 2019 Orbassano (To)

Barbetta, M., *stargate il cielo degli egizi, viaggio nei misteri dell'astronomia egizia sulle tracce degli dei,* Uno editori, 2015 Orbassano (To).

Fezia, L., *la fabbrica dei santi, come la chiesa fa cassa con superstizioni e ambiguità,* Uno Editori, 2018 Orbassano (To).

Tosi, S., *Yahweh dio della guerra, 5° comandamento: uccidili tutti,* Uno Editori, 2015 Orbassano (To).

Tosi, S., *il falso dio, da osiride a gesù, l'anima pagana del culto cristiano,* Libri Eretici, 2017 Orbassano (To).

Gallinaro, D., *geova un elohim divenuto dio, e l'uomo creò dio a sua immagine somiglianza, dall'antico israele ai suoi testimoni,* Uno Editori, 2017 Orbassano (To).

Giovagnoli, M., *la messa è finita, come liberarsi dal più subdolo dei parassiti. Gli acutissimi strumenti in dominio in dotazione al clero,* Uno Editori, 2017 Orbassano (To).

Baccarini, E., Di Lenardo, A., *dall'india alla bibbia, remoti contatti tra india e vicino oriente antico,* Enigma Edizioni, 2018 Firenze.

Perrotta, G., *le psicopatologie del dio biblico,* Lk ed, 2017

Fezia L., *2012 conto alla rovescia,* Edizioni L'Età dell'Acquario, 2010 Torino.

Sitchin, Z., *il pianeta degli dei,* Pickwick, 2013 Milano.

Sitchin, Z., *il giorno degli dei, il libro definitivo delle cronache terrestri,* Piemme, 2010 Milano.

Ratzinger, J., *il dio della fede e il dio dei filosofi,* Marcianum Press, 2013 Venezia.

Ratzinger, J., *gesù di nazaret,* Libreria Editrice Vaticana, 2007 Città del Vaticano.

Migliorato, L., *geova e yahweh come creare un dio partendo dallo stesso individuo, un'indagine libera che può contenere tracce di eresie,* IP, 2018.

Migliorato, L., *le origini siculo-semitiche del natale*, you can print, 2019

Hitchens C., *dio non è grande, come la religione avvelena ogni cosa,* Giulio Einaudi Editore s.p.a, 2007 Torino

Hack M. (con Ferreri W., Cossard G.),*il lungo racconto dell'origine, i grandi miti e le teorie con l'umanità ha spiegato*

l'Universo, Baldini Castoldi Dalai editore S.p.A., 2012 Milano

Sitchin Z., *il giorno degli dei, il libro definitivo delle Cronache Terrestri*, Edizioni Piemme Spa, 2009 Milano

Di Lenardo A., e Melis, L., *shardana shakalasa, i popoli del mare*, Eterne Verità Edizioni, 2018 Messina.

Melis L., *shardana i popoli del mare*, Prima Tipografia Mogorese Editrice, 2002 (prima edizione), 2016 (quindicesima ristampa), Mogoro.

De Santi Abati A., *sardegna la terra degli uomini blu*, LuxCo Editions International, 2019.

Fezia L., *2012 conto alla rovescia*, Edizioni l'età dell'acquario, 2010 Torino

Sitchin Z., *il pianeta degli dei*, mondadori libri spa, 2018 Milano

Facchini F., *origini dell'uomo ed evoluzione culturale, profili scientifici, filosofici, religiosi,* editoriale jaca book spa, 2002 Milano

Ringraziamenti

Desidero ringraziare tutti gli amici che in qualche modo hanno contribuito a mantenere viva la mia passione per i temi che tratto, chi mi ha dato preziosi consigli, chi mi ha ospitato nella propria web radio od organizzato presentazioni dei libri. Sperando di non dimenticare nessuno, un grazie di cuore a: Mauro Biglino, Giuseppe Tamo (editore di Eterne Verità Edizioni), David Di Vita (editore di Luxco Editions International), Andrea di Lenardo, Leonardo Melis, Marco Scarponi, Michele Giovagnoli, Dario Delfino, Giulio Perrotta, Agostino De Santi Abati, Laura Fezia, Giuseppe Verdi, Davide Cristallo (Mago G Evoluchannel), Arturo Berardi, Matthew Charles Sanders, Marco Enrico De Graya. Chiedo venia se ho dimenticato qualcuno.

L'autore

Classe 1998 nasce nella millenaria terra Siciliana. Musicista (in passato ha collaborato con varie band e adesso ha all'attivo un progetto solista), saggista (autore di 6 lavori al momento) , specializzando in management, studioso di religione, lingue antiche ed esoterismo. Il suo primo libro e terzo libro, entrambi auto-pubblicati, sono stati Bestsellers su Amazon in Cristianesimo ed Educazione.

www.ingramcontent.com/pod-product-compliance
Ingram Content Group UK Ltd.
Pitfield, Milton Keynes, MK11 3LW, UK
UKHW020126250726
13967UKWH00002B/501

9 780244 513399